Impressum
Verlag: BABADADA GmbH, Nedderfeld 112 , 22529 Hamburg
Geschäftsführer / Verlagsleitung: Harald Hof
Druck: Books on Demand GmbH, In de Tarpen 42, 22848 Norderstedt

Imprint
Publisher: BABADADA GmbH, Nedderfeld 112 , 22529 Hamburg, Germany
Managing Director / Publishing direction: Harald Hof
Print: Books on Demand GmbH, In de Tarpen 42, 22848 Norderstedt

école

escola

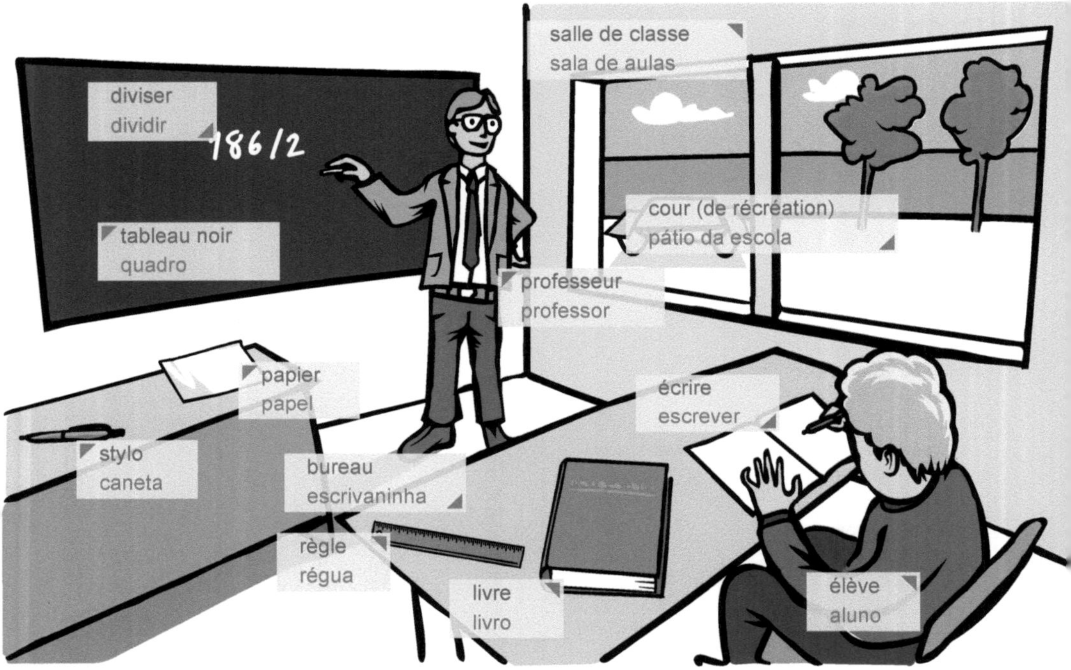
salle de classe
sala de aulas
diviser
dividir
186/2
tableau noir
quadro
cour (de récréation)
pátio da escola
professeur
professor
papier
papel
écrire
escrever
stylo
caneta
bureau
escrivaninha
règle
régua
livre
livro
élève
aluno

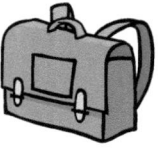

cartable
sacola

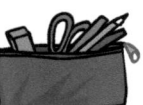

trousse
estojo de lápis

crayon
lápis

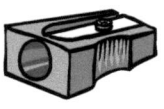

taille-crayon
apontador de lápis

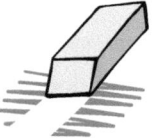

gomme
borracha

carnet à dessin
bloco de desenho

dessin
desenho

pinceau
pincel

boîte de peinture
estojo de tintas

ciseaux
tesoura

colle
cola

cahier d'exercices
livro de exercícios

devoirs
lição de casa

chiffre
número

additionner
somar

soustraire
subtrair

multiplier
multiplicar

calculer
calcular

lettre
letra

alphabet
alfabeto

mot
palavra

texte

texto

lire

ler

craie

giz

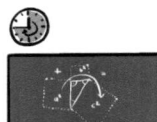

leçon

hora

livre de classe

registro da classe

examen

exame

certificat

certificado

uniforme scolaire

uniforme escolar

formation

educação

lexique

enciclopédia

université

universidade

microscope

microscópio

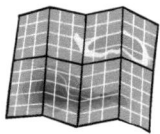

carte

mapa

corbeille à papier

cesto de lixo

voyage
viagem

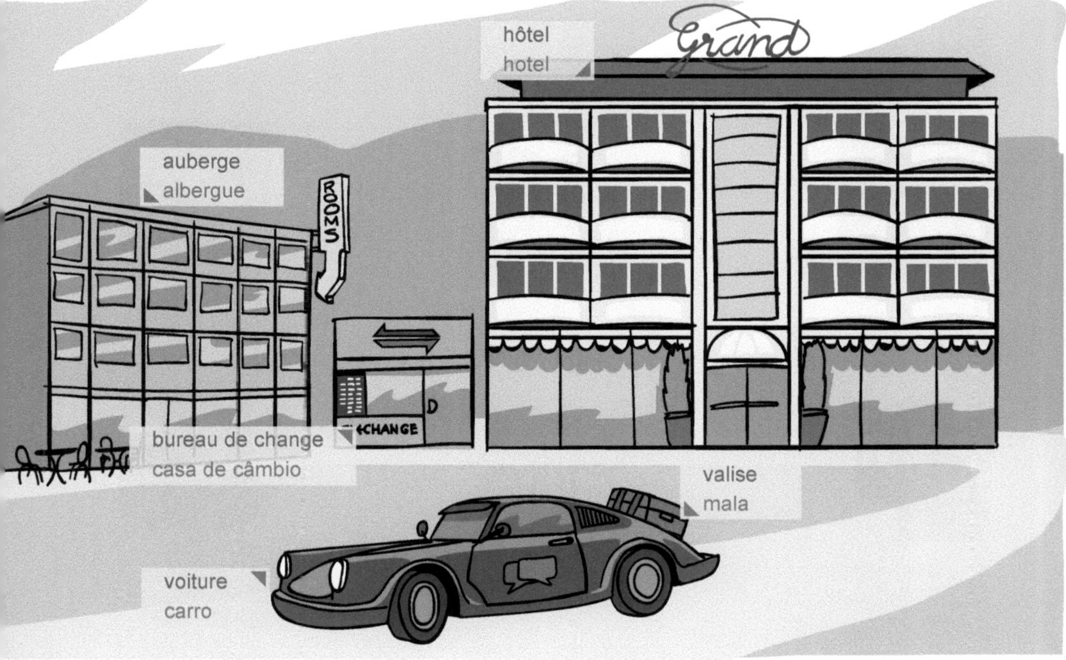

hôtel
hotel
Grand
auberge
albergue
ROOMS
bureau de change
casa de câmbio
valise
mala
voiture
carro

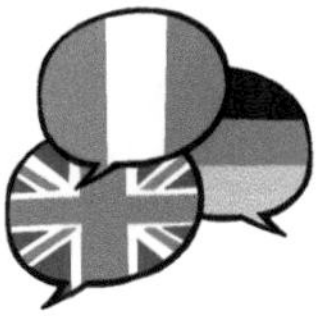

langue

idioma

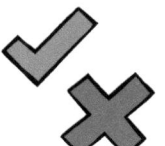

oui / non

sim / não

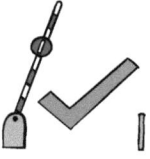

d'accord

ok

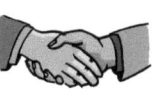

Salut

Olá

interprète

tradutor

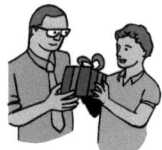

merci

obrigado

Combien coûte...?

quanto custa...?

Je ne comprends pas

eu não entendo

problème

problema

Bonsoir !

boa noite!

Bonjour !

Bom dia!

Bonne nuit !

Boa noite!

Au revoir

até logo

direction

direção

bagages

bagagem

sac

bolsa

sac-à-dos

mochila

hôte

convidado

pièce

quarto

sac de couchage

saco de dormir

tente

barraca

office de tourisme

informação turística

plage

praia

carte de crédit

cartão de crédito

petit-déjeuner

café da manhã

déjeuner

almoço

dîner

jantar

billet

bilhete

ascenseur

elevador

timbre

selo

frontière

fronteira

douane

alfândega

ambassade

embaixada

visa

visto

passeport

passaporte

transport
transporte

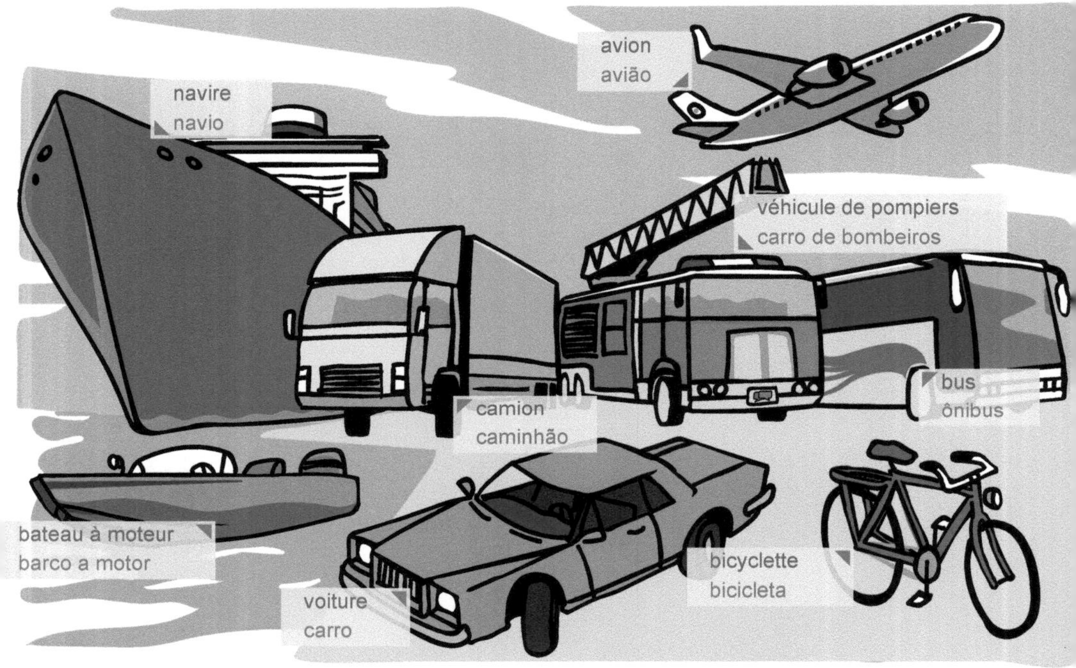
avion
avião
navire
navio
véhicule de pompiers
carro de bombeiros
bus
ônibus
camion
caminhão
bateau à moteur
barco a motor
bicyclette
bicicleta
voiture
carro

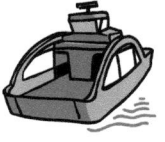

ferry

balsa

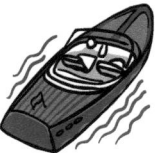

barque

barco

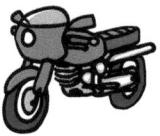

moto

motocicleta

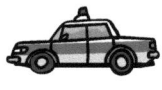

voiture de police

veículo policial

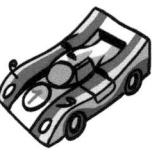

voiture de course

carro de corrida

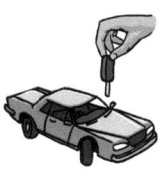

voiture de location

carro de aluguel

auto-partage

compartilhamento de automóvel

voiture de remorquage

caminhão de reboque

benne à ordures

caminhão de lixo

moteur

motor

essence

combustível

station d'essence

posto de gasolina

panneau indicateur

placa de trânsito

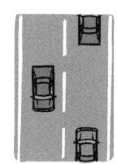

trafic

trânsito

embouteillage

trânsito lento

parking

estacionamento

gare

estação de trem

rails

trilhos

train

trem

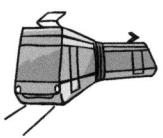

tramway

bonde

wagon

vagão

hélicoptère

helicóptero

aéroport

aeroporto

tour

torre

passager

passageiro

conteneur

contêiner

carton

cartolina

chariot

carroça

corbeille

cesto

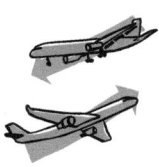

décoller / atterrir

decolar / pousar

ville

cidade

village

vilarejo

centre-ville

centro da cidade

maison

casa

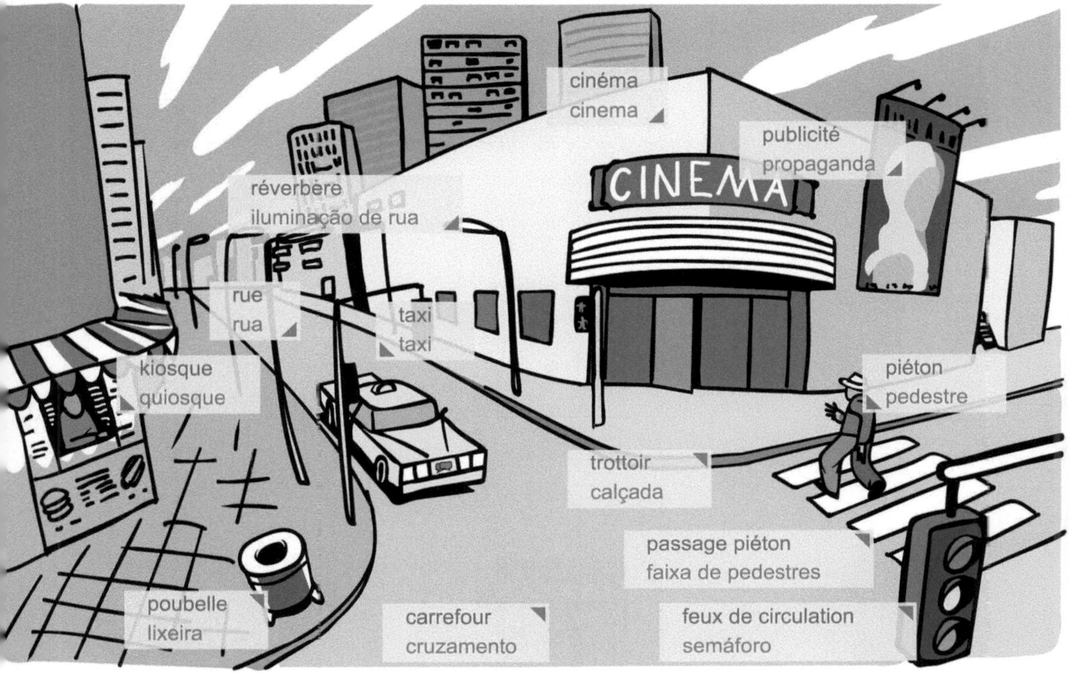

cinéma
cinema

publicité
propaganda

réverbère
iluminação de rua

rue
rua

taxi
taxi

CINEMA

kiosque
quiosque

piéton
pedestre

trottoir
calçada

passage piéton
faixa de pedestres

poubelle
lixeira

carrefour
cruzamento

feux de circulation
semáforo

cabane
cabana

appartement
apartamento

gare
estação de trem

mairie
prefeitura

musée
museu

école
escola

université
....
universidade

banque
....
banco

hôpital
....
hospital

hôtel
....
hotel

pharmacie
....
farmácia

bureau
....
escritório

librairie
....
livraria

magasin
....
loja

fleuriste
....
floricultura

supermarché
....
supermercado

marché
....
mercado

grand magasin
....
loja de departamentos

poissonnerie
....
peixaria

centre commercial
....
centro comercial

port
....
porto

parc

parque

banque

banco

pont

ponte

escaliers

escadas

métro

metrô

tunnel

túnel

arrêt de bus

ponto de ônibus

bar

bar

restaurant

restaurante

boîte à lettres

caixa de correspondência

panneau indicateur

placa de rua

parcmètre

parquímetro

zoo

zoológico

piscine

piscina

mosquée

mesquita

ferme

fazenda

pollution

poluição

cimetière

cemitério

église

igreja

aire de jeux

parquinho

temple

templo

paysage
paisagem

feuille
folha

panneau indicateur
placa de sinalização

chemin
caminho

pré
gramado

pierre
pedra

arbre
árvore

randonneur
caminhantes

rivière
rio

herbe
grama

fleur
flor

vallée

vale

montagne

montanha

lac

lago

forêt

floresta

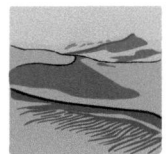

désert

deserto

volcan

vulcão

château

castelo

arc-en-ciel

arco-íris

champignon

cogumelo

palmier

palmeira

moustique

mosquito

mouche

mosca

fourmis

formiga

abeille

abelha

araignée

aranha

coléoptère

besouro

grenouille

sapo

écureuil

esquilo

hérisson

ouriço

lièvre

lebre

chouette

coruja

oiseau

pássaro

cygne

cisne

sanglier

javali

cerf

veado

élan

alce

barrage

barragem

éolienne

aerogerador

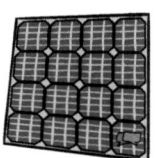

panneau solaire

painel solar

climat

clima

restaurant

restaurante

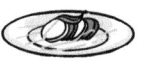

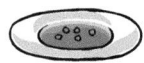

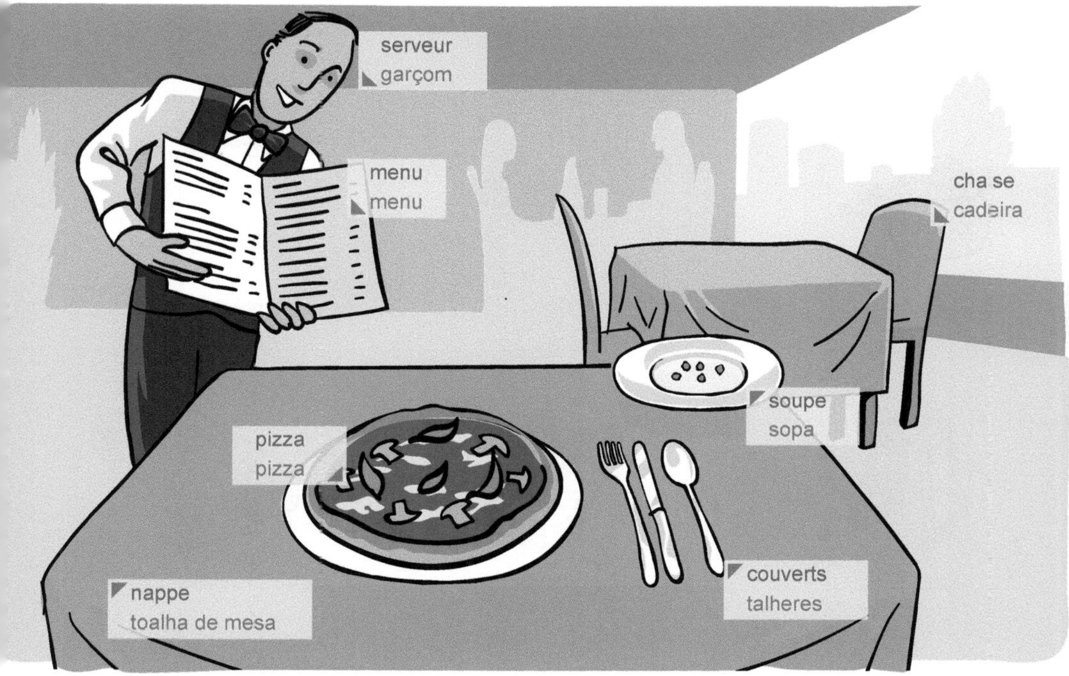
serveur
garçom
menu
menu
cha se
cadeira
soupe
sopa
pizza
pizza
couverts
talheres
nappe
toalha de mesa

hors d'œuvre

entrada

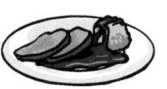

plat principal

prato principal

dessert

sobremesa

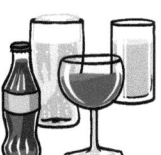

boissons

bebidas

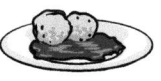

alimentation

comida

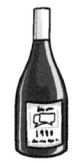

bouteille

garrafa

fast-food

fastfood

plats à emporter

comida de rua

théière

bule de chá

sucrier

açucareiro

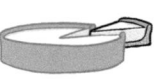

portion

porção

machine à expresso

máquina de expresso

chaise haute

cadeirão

facture

conta

plateau

bandeja

couteau

faca

fourchette

garfo

cuillère

colher

cuillère à thé

colher de chá

serviette

guardanapo

verre

copo

assiette

prato

assiette à soupe

prato de sopa

soucoupe

pires

sauce

molho

salière

saleiro

moulin à poivre

moedor de pimenta

vinaigre

vinagre

huile

óleo

épices

especiarias

ketchup

ketchup

moutarde

mostarda

mayonnaise

maionese

supermarché
supermercado

offre promotionnelle
oferta especial
FOR
client
cliente
produits laitiers
laticínios
fruits
frutas
chariot
carrinho de compras

BUTCHERS

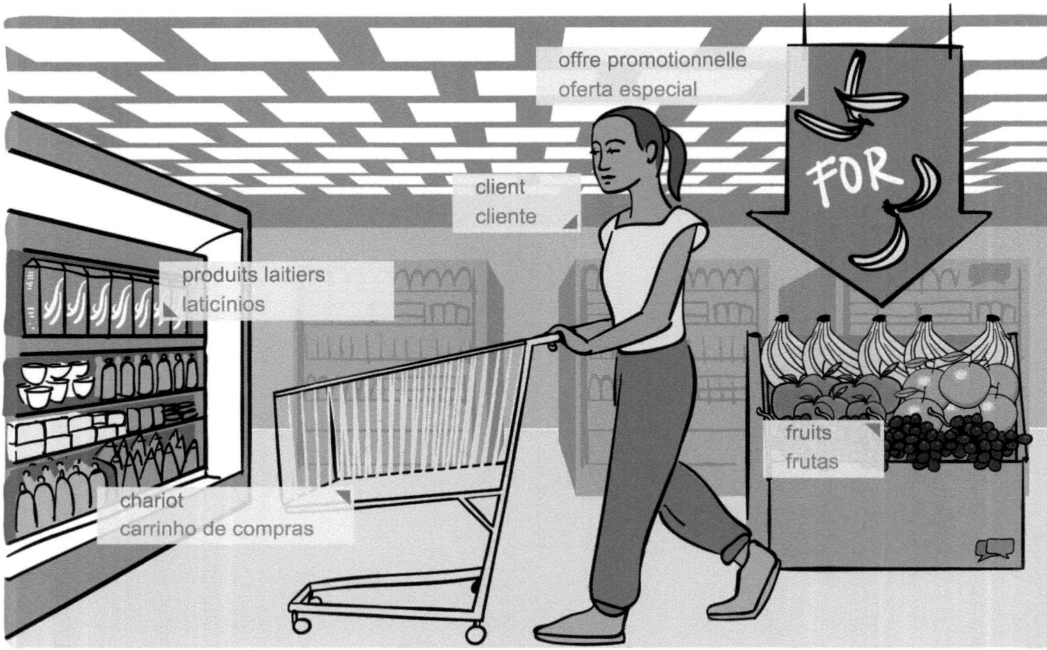

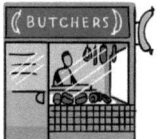

boucherie

açougue

BAKERY

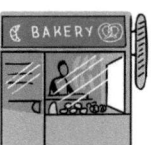

boulangerie

padaria

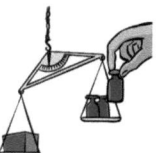

peser

pesar

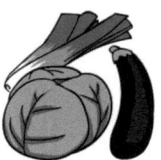

légumes

legumes

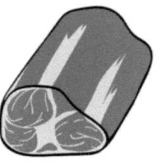

viande

carne

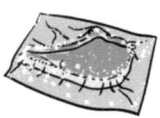

aliments surgelés

congelados

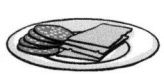

charcuterie

charcutaria

conserves

conservas

poudre à lessive

detergente em pó

bonbons

doces

articles ménagers

artigos domésticos

détergents

produtos de limpeza

vendeuse

vendedora

caisse

caixa

caissier

caixa

liste d'achats

lista de compras

heures d'ouverture

horário de funcionamento

portefeuille

carteira

carte de crédit

cartão de crédito

sac

sacola

sac en plastique

saco plástico

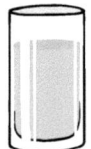

eau

água

jus de fruit

suco

lait

leite

coca

coca-cola

vin

vinho

bière

cerveja

alcool

álcool

chocolat chaud

cacau

thé

chá

café

café

expresso

expresso

cappuccino

cappuccino

banane

banana

pomme

maçã

orange

laranja

melon

melão

citron

limão

carotte

cenoura

ail

alho

bambou

bambu

oignon

cebola

champignon

cogumelo

noisettes

nozes

pâtes

macarrão

spaghetti

espaguete

riz

arroz

salade

salada

pommes frites

batatas fritas

pommes de terre rôties

batatas frias

pizza

pizza

hamburger

hambúrger

sandwich

sanduíche

escalope

escalope

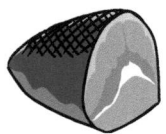

jambon

presunto

salami

salame

saucisse

salsicha

poulet

galinha

rôti

assado

poisson

peixe

alimentation - comida

flocons d'avoine

flocos de aveia

muesli

granola

cornflakes

flocos de milho

farine

farinha

croissant

croissant

petits-pains

pãozinho

pain

pão

pain grillé

torrada

biscuits

biscoitos

beurre

manteiga

le fromage blanc

requeijão

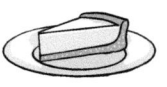

gâteau

bolo

œuf

ovo

œuf au plat

ovo frito

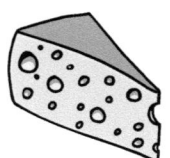

fromage

queijo

glace

sorvete

sucre

açúcar

miel

mel

confiture

geleia

crème nougat

creme de avelãs

curry

curry

ferme
fazenda

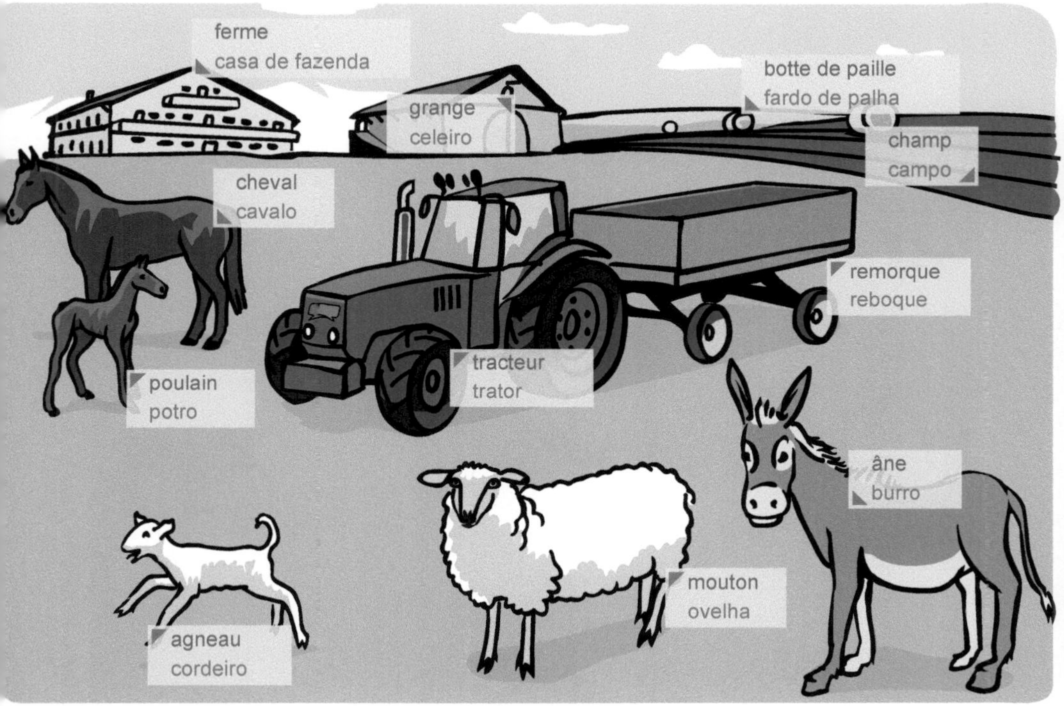
ferme
casa de fazenda
grange
celeiro
botte de paille
fardo de palha
champ
campo
cheval
cavalo
remorque
reboque
tracteur
trator
poulain
potro
âne
burro
mouton
ovelha
agneau
cordeiro

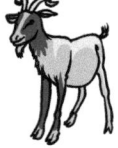

chèvre

cabra

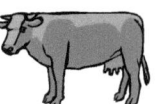

vache

vaca

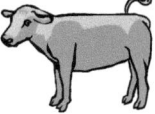

veau

bezerro

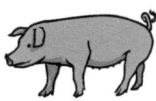

porc

porco

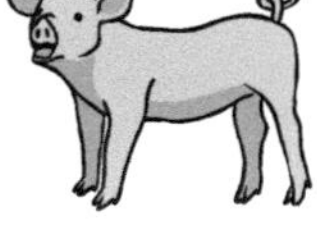

porcelet

leitão

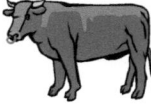

taureau

touro

oie

ganso

canard

pato

poussin

pintinho

poule

galinha

coq

galo

rat

ratazana

chat

gato

souris

camundongo

bœuf

boi

chien

cachorro

chenil

casinha do cachorro

tuyau de jardin

mangueira de jardim

arrosoir

regador

faucheuse

foice

charrue

arado

faucille

foice

pioche

enxada

fourche

forquilha

hache

machado

brouette

carrinho de mão

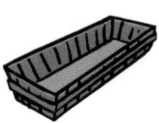

cuve

manjedoura

pot à lait

jarra de leite

sac

saco

clôture

cerca

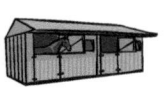

étable

estábulo

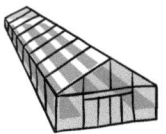

serre

estufa

sol

solo

semences

semente

engrais

fertilizante

moissonneuse-batteuse

colheitadeira

récolter

colher

récolte

colheita

igname

inhame

blé

trigo

soja

soja

pomme de terre

batata

maïs

milho

colza

colza

arbre fruitier

árvore frutífera

manioc

mandioca

céréales

cereais

maison

casa

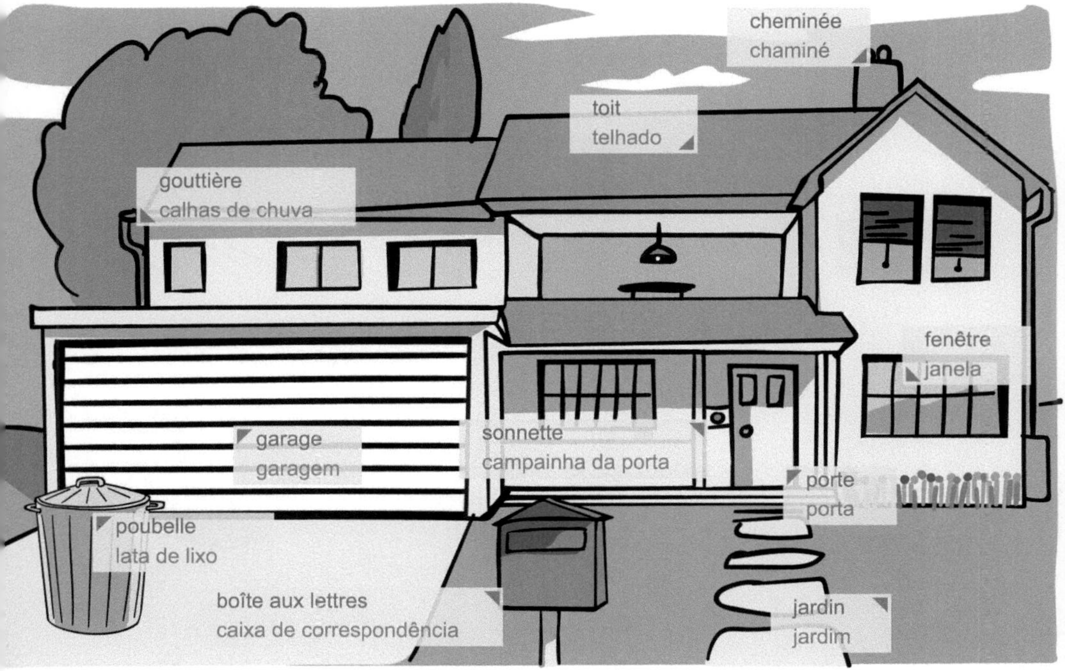
cheminée
chaminé
toit
telhado
gouttière
calhas de chuva
fenêtre
janela
garage
garagem
sonnette
campainha da porta
porte
porta
poubelle
lata de lixo
boîte aux lettres
caixa de correspondência
jardin
jardim

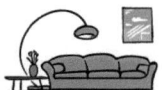

salon

sala de estar

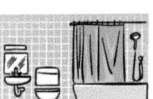

salle de bain

banheiro

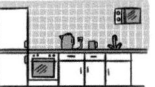

cuisine

cozinha

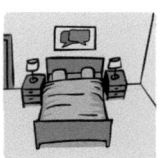

chambre à coucher

quarto de dormir

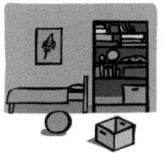

chambre d'enfant

quarto de criança

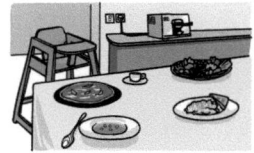

salle à manger

sala de jantar

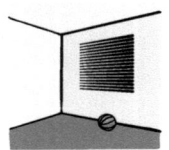

sol

chão

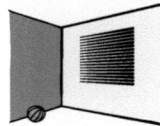

mur

parede

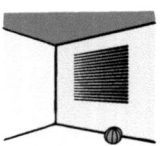

plafond

teto

cave

porão

sauna

sauna

balcon

varanda

terrasse

terraço

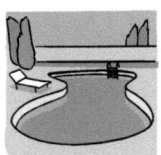

piscine

piscina

tondeuse à gazon

cortador de grama

housse

lençol

couette

coberta

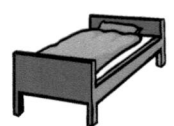

lit

cama

balai

vassoura

sceau

balde

interrupteur

interruptor

salon

sala de estar

papier peint
papel de parede
image
quadro
lampe
lâmpada
étagère
prateleira
armoire
armário
télé
televisão
cheminée
lareira
fleur
flor
coussin
travesseiro
sofa
sofá
vase
vaso
télécommande
controle remoto

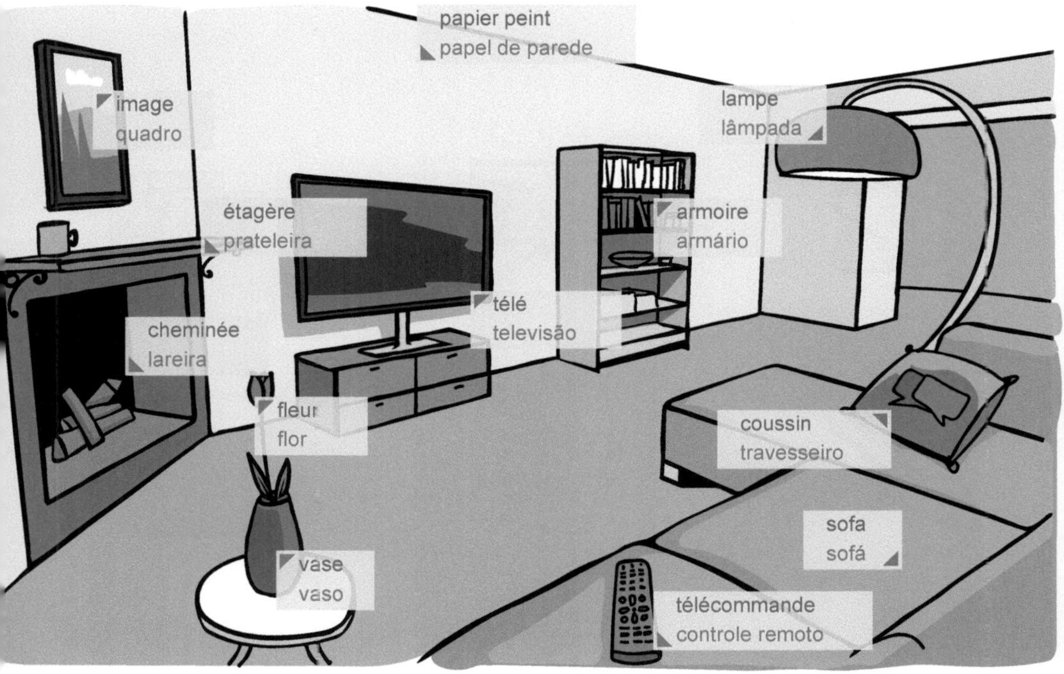

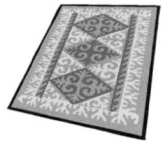

tapis

tapete

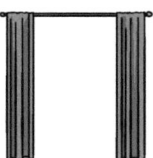

rideau

cortina

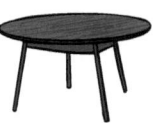

table

mesa

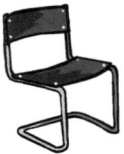

chaise

cadeira

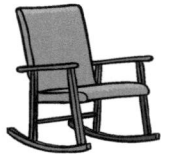

chaise à bascule

cadeira de balanço

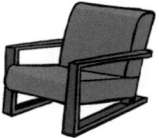

fauteuil

poltrona

livre

livro

couverture

cobertor

décoration

decoração

bois de chauffage

lenha

film

filme

chaîne hi-fi

equipamento de som

clé

chave

journal

jornal

peinture

pintura

poster

pôster

radio

rádio

bloc-notes

bloco de notas

aspirateur

aspirador

cactus

cacto

bougie

vela

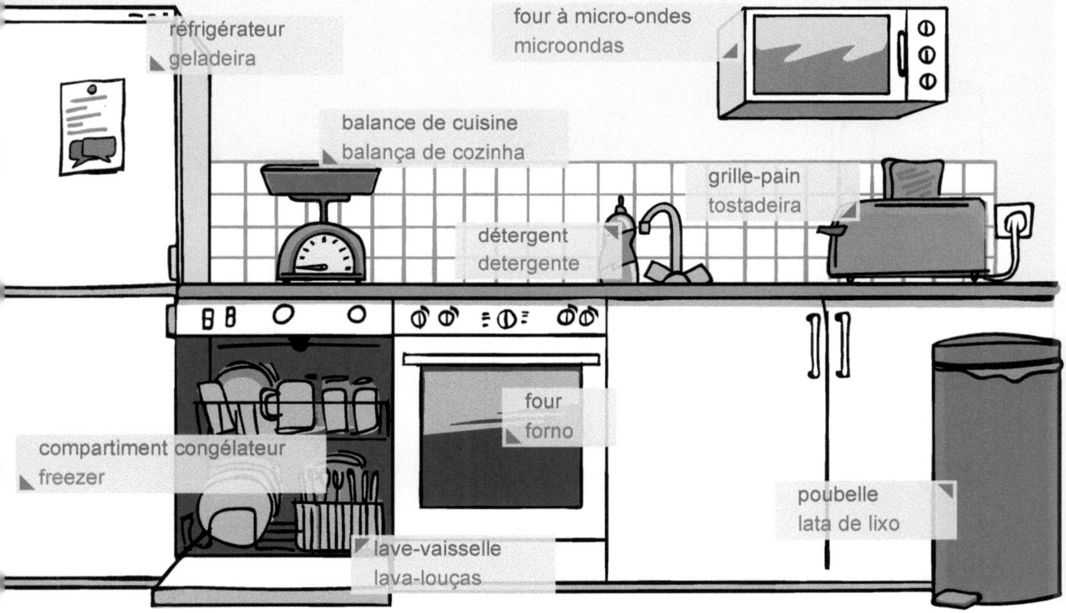

réfrigérateur
geladeira

four à micro-ondes
microondas

balance de cuisine
balança de cozinha

grille-pain
tostadeira

détergent
detergente

four
forno

compartiment congélateur
freezer

poubelle
lata de lixo

lave-vaisselle
lava-louças

four

fogão

casserole

panela

marmite

panela de ferro

wok / kadai

wok / kadai

poêle

frigideira

bouilloire electrique

chaleira

cuiseur vapeur

panela a vapor

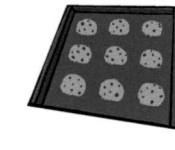

plaque de cuisson

tabuleiro de forno

vaisselle

louça

gobelet

caneca

coupe

caçarola

baguettes

hashi

louche

concha de sopa

spatule

espátula

fouet

batedor

passoire

escorredor

tamis

peneira

râpe

ralador

mortier

almofariz

barbecue

churrasqueira

cheminée

lareira

planche à découper

tábua de cortar

rouleau à pâtisserie

rolo da massa

tire-bouchon

saca-rolhas

boîte

lata

ouvre-boîte

abridor de latas

maniques

pegador de panela

lavabo

pia

brosse

escova

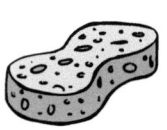

éponge

esponja

mixeur

liquidificador

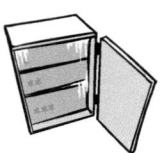

congélateur

congelador

biberon

mamadeira

robinet

torneira

salle de bain
banheiro

chauffage
aquecimento
serviette
toalha
douche
ducha
rideau de douche
cortina de chuveiro
bain moussant
banho de espuma
baignoire
banheira
machine à laver
lava-roupa
verre
copo
robinet
torneira
carrelage
azulejos
pot
penico
lavabo
pia

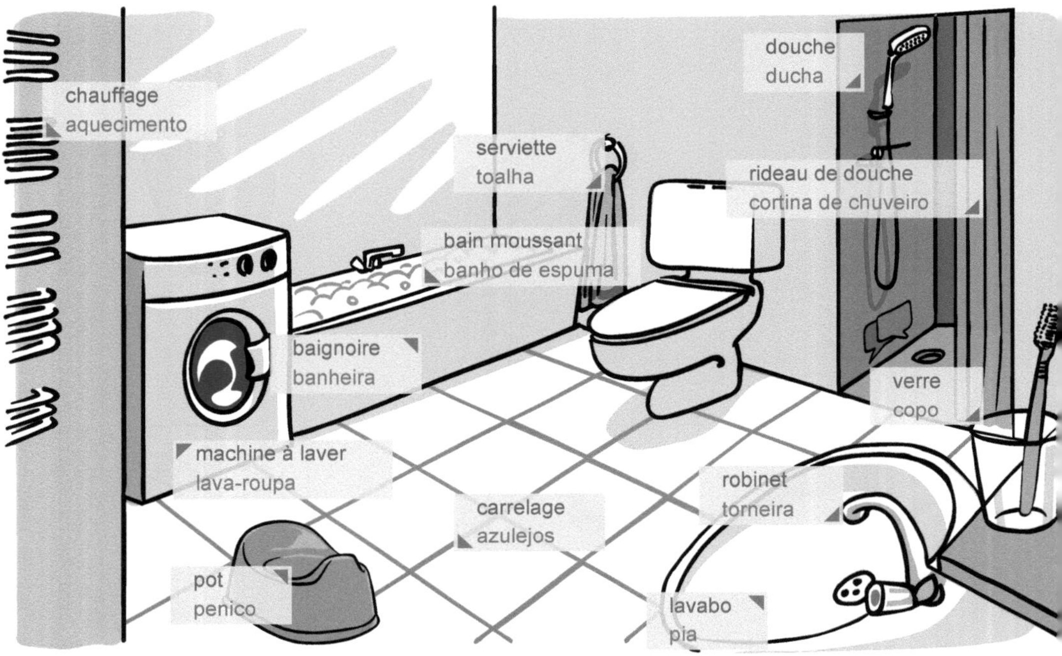

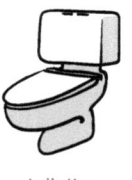

toilettes

vaso sanitário

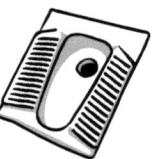

toilette à la turque

lavabo de agachar

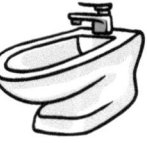

bidet

bidê

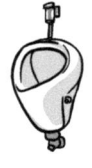

urinoir

mictório

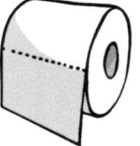

papier toilette

papel higiênico

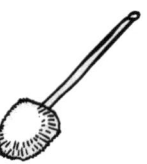

brosse à toilette

escova de privada

brosse à dents

escova de dentes

dentifrice

pasta de dentes

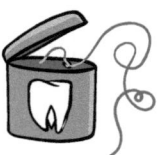

fil dentaire

fio dental

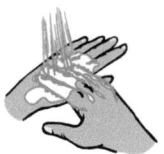

laver

lavar

douche manuelle

ducha de mão

douche intime

ducha íntima

vasque

bacia

brosse dorsale

escova para as costas

savon

sabonete

gel douche

gel de banho

shampooing

xampu

gant de toilette

toalha de rosto

écoulement

escoamento

crème

creme

déodorant

desodorante

miroir

espelho

miroir cosmétique

espelho de mão

rasoir

barbeador

mousse à raser

espuma de barbear

après-rasage

loção pós-barba

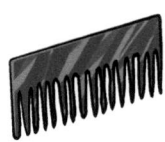

peigne

pente

brosse

escova

sèche-cheveux

secador de cabelo

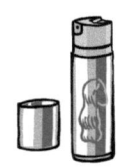

laque pour cheveux

spray de cabelo

fond de teint

maquiagem

rouge à lèvres

batom

vernis à ongles

esmalte de unhas

ouate

algodão

coupe-ongles

tesoura para unhas

parfum

perfume

trousse de toilette

nécessaire

tabouret

banquinho

pèse-personne

balança

peignoir

roupão de banho

gants de nettoyage

luvas de borracha

tampon

absorvente interno

serviettes hygiéniques

absorvente íntimo

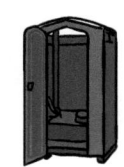

toilette chimique

banheiro químico

chambre d'enfant

quarto de criança

réveil
despertador
doudou
boneco de pelúcia
voiture jouet
carrinho de brinquedo
hochet
chacoalho
maison de poupée
casa de bonecas
cadeau
presente

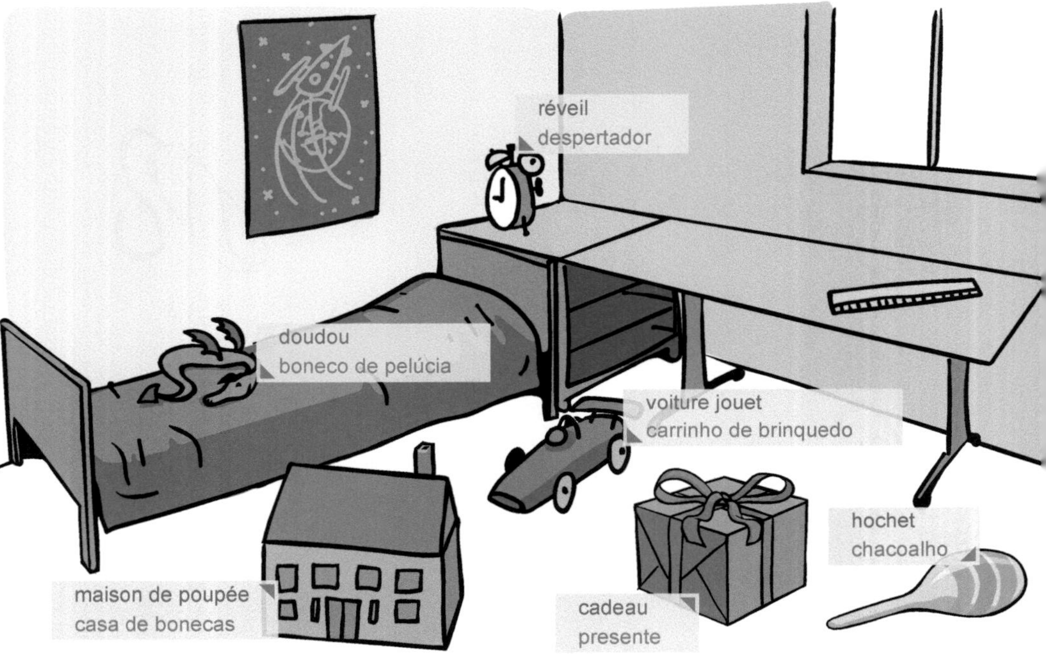

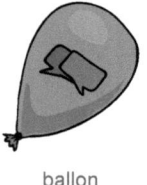

ballon

balão

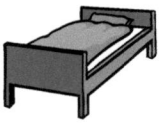

lit

cama

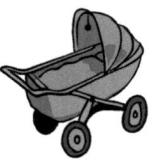

poussette

carrinho de bebê

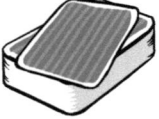

jeu de cartes

jogo de cartas

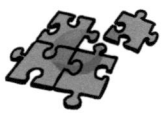

puzzle

quebra-cabeças

SUPER
MEGA

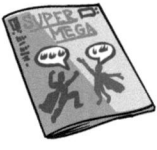

bande dessinée

revista de quadrinhos

pièces lego

peças de Lego

blocs de construction

blocos de construção

figurine

figura de ação

grenouillère

macaquinho de bebê

frisbee

frisbee

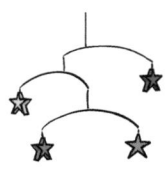

mobile

móbile para bebé

jeu de société

jogo de tabuleiro

dé

dados

train miniature

trenzinho elétrico

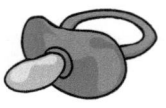

sucette

chupeta

fête

festa

livre d'images

livro ilustrado

balle

bola

poupée

boneca

jouer

brincar

bac à sable
caixa de areia

balançoire
balanço

jouets
brinquedos

console de jeu
videogame

tricycle
triciclo

ours en peluche
ursinho de pelúcia

armoire
guarda-roupa

vêtements
vestuário

chaussettes
meias

bas
meias pelo joelho

collant
meias-calças

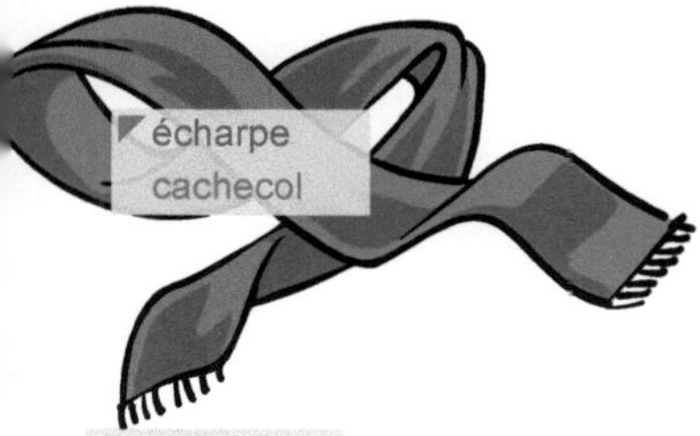

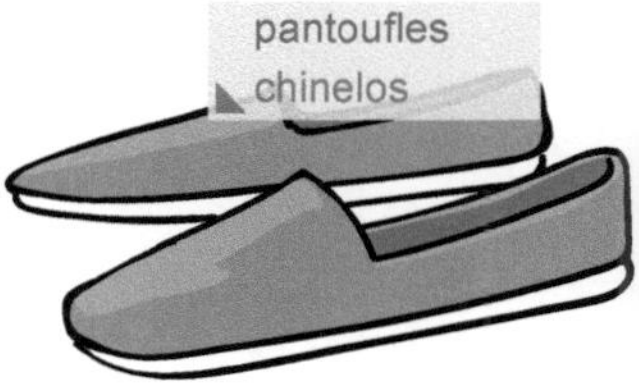

écharpe
cachecol

ceinture
cinto

parapluie
guarda-chuva

t-shirt
camiseta

bottes
botas

pantoufles
chinelos

baskets
tênis

sandales
....
sandálias

chaussures
....
sapatos

bottes de caoutchouc
....
botas de borracha

sous-vêtements
....
roupa de baixo

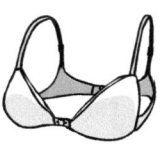
soutien-gorge
....
sutiã

maillot de corps
....
camiseta de baixo

body
body

pantalon
calças

jean
jeans

jupe
saia

chemisier
blusa

chemise
camisa

pull
pulôver

sweat à capuche
suéter com capuz

veste
blazer

veste
jaqueta

manteau
casaco

imperméable
gabardine

costume
traje

robe
vestido

robe de mariée
vestido de casamento

costume

terno

chemise de nuit

camisola

pyjama

pijama

sari

sari

foulard

lenço de cabeça

turban

turbante

burqa

burca

caftan

cafetã

abaya

abaya

maillot de bain

maiô

maillot de bain

sunga

short

shorts

tenue d'entraînement

roupa de treino

tablier

avental

gants

luvas

bouton

botão

lunettes

óculos

bracelet

pulseira

collier

colar

bague

anel

boucle d'oreille

brinco

bonnet

boné

cintre

cabide

chapeau

chapéu

cravate

gravata

fermeture éclair

zíper

casque

capacete

bretelles

suspensórios

uniforme scolaire

uniforme escolar

uniforme

uniforme

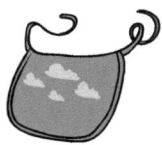

bavoir

babador

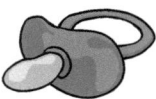

sucette

chupeta

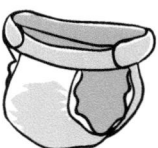

lange

fralda

bureau
escritório

serveur
servidor
armoire d'archivage
armário de arquivos
imprimante
impressora
papier
papel
écran
monitor
souris
mouse
bureau
escrivaninha
classeur
pasta
clavier
teclado
chaise
cadeira
corbeille à papier
cesto de lixo
ordinateur
computador

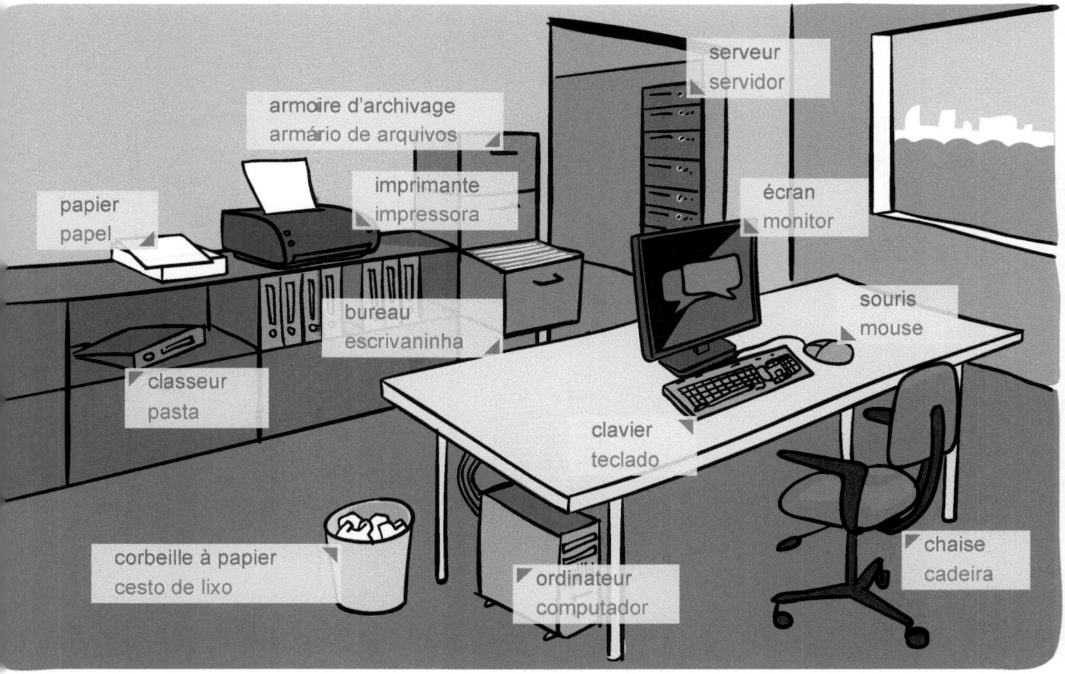

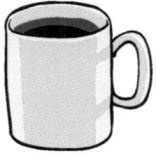

tasse de café

xícara de café

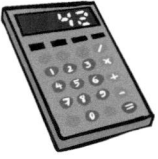

calculatrice

calculadora

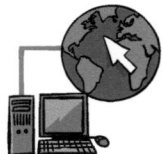

internet

internet

ordinateur portable

laptop

lettre

carta

message

mensagem

portable

celular

réseau

rede

photocopieuse

copiadora

logiciel

software

téléphone

telefone

prise

tomada

fax

fax

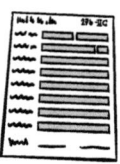

formulaire

formulário

document

documento

acheter

comprar

payer

pagar

faire du commerce

negociar

monnaie

dinheiro

 **USD**

dollar

Dólar

 **EUR**

euro

Euro

 **JPY**

yen

Yen

 **RUB**

rouble

rublo

 **CHF**

franc suisse

franco suíço

 **CNY**

renminbi yuan

renminbi yuan

 **INR**

roupie

rupia

distributeur automatique

caixa eletrônico

bureau de change
casa de câmbio

or
ouro

argent
prata

pétrole
petróleo

énergie
energia

prix
preço

contrat
contrato

taxe
imposto

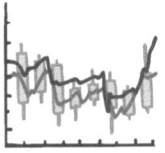

action
ação

travailler
trabalhar

employé
empregado

employeur
empregador

usine
fábrica

magasin
loja

professions
profissões

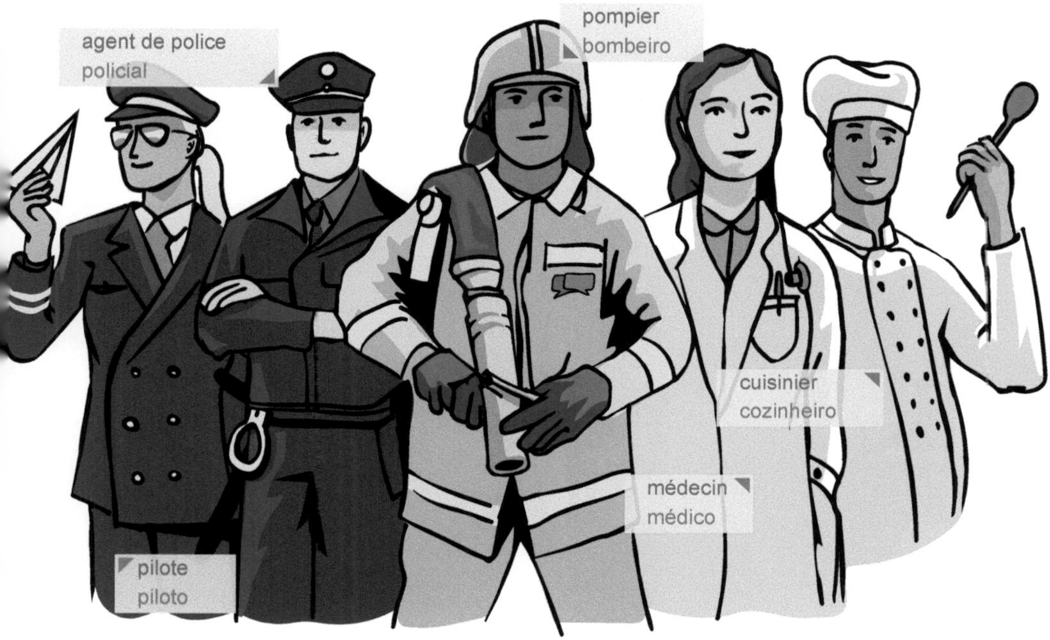

pompier
bombeiro
agent de police
policial
cuisinier
cozinheiro
médecin
médico
pilote
piloto

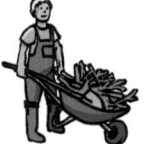

jardinier	menuisier	couturière
jardineiro	marceneiro	costureira
juge	chimiste	acteur
juiz	químico	ator

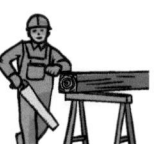

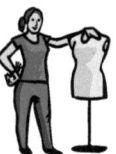

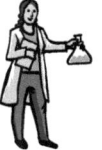

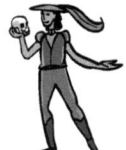

conducteur de bus

motorista de ônibus

chauffeur de taxi

motorista de táxi

pêcheur

pescador

femme de ménage

faxineira

couvreur

telhador

serveur

garçom

chasseur

caçador

peintre

pintor

boulanger

padeiro

électricien

eletricista

ouvrier

construtor

ingénieur

engenheiro

boucher

açougueiro

plombier

encanador

facteur

carteiro

soldat

soldado

architecte

arquiteto

caissier

caixa

fleuriste

florista

coiffeur

cabelereiro

contrôleur

condutor

mécanicien

mecânico

capitaine

capitão

dentiste

dentista

scientifique

cientista

rabbin

rabino

imam

imam

moine

monge

prêtre

pastor

outils
ferramentas

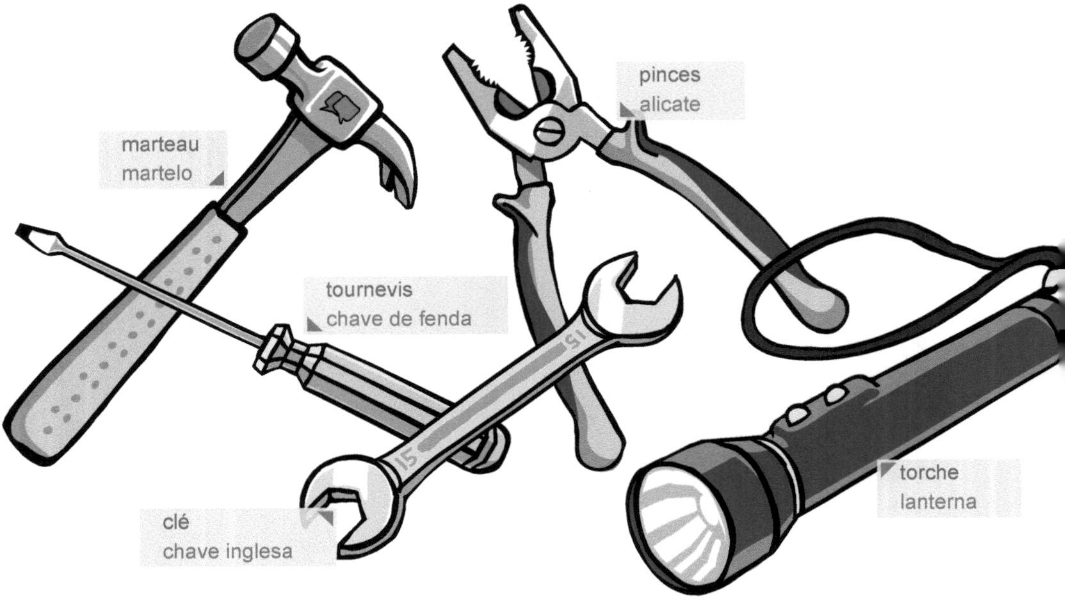
marteau
martelo
pinces
alicate
tournevis
chave de fenda
clé
chave inglesa
torche
lanterna

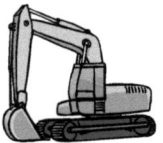

pelleteuse

escavadora

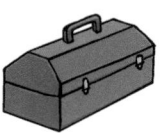

boîte à outils

caixa de ferramentas

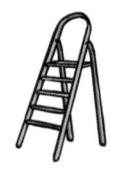

échelle

escada de mão

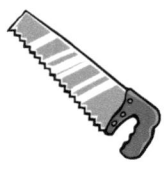

scie

serra

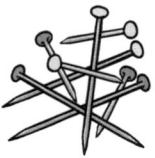

clous

pregos

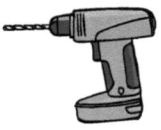

perceuse

furadeira

réparer

consertar

pelle

pá

Mince !

Droga!

pelle

pá de lixo

pot de peinture

pote de tinta

vis

parafusos

instruments de musique
instrumentos musicais

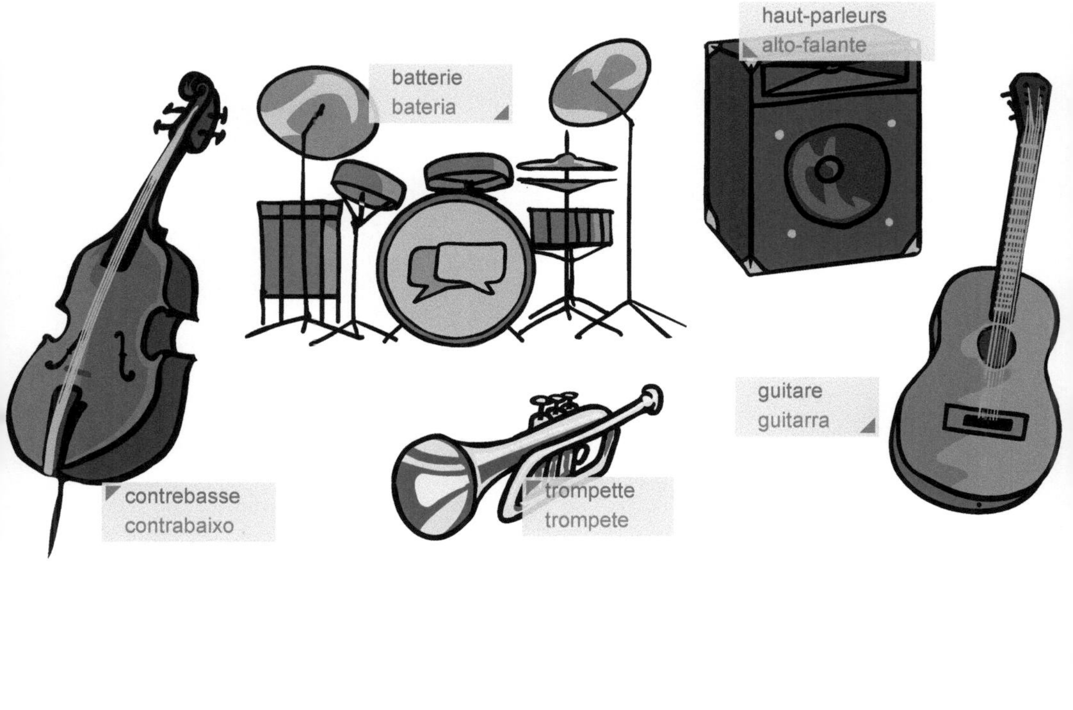

batterie
bateria

haut-parleurs
alto-falante

guitare
guitarra

contrebasse
contrabaixo

trompette
trompete

piano
piano

violon
violino

basse
baixo

timbales
timbales

tambour
tambor

piano électrique
teclado

saxophone
saxofone

flûte
flauta

microphone
microfone

zoo
zoológico

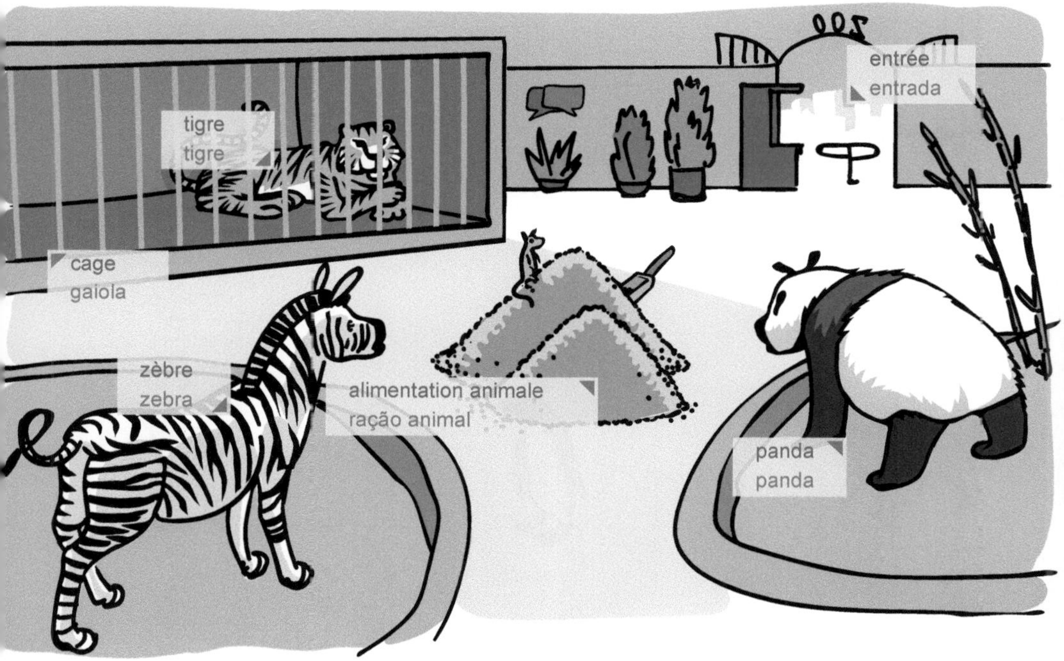

tigre
tigre
cage
gaiola
zèbre
zebra
alimentation animale
ração animal
panda
panda
entrée
entrada

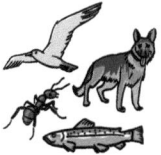

animaux

animais

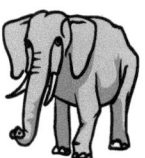

éléphant

elefante

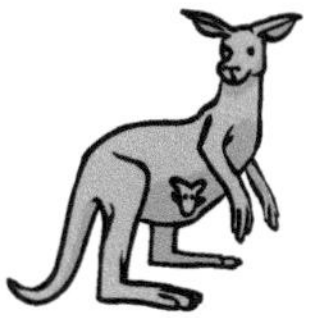

kangourou

canguru

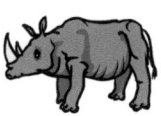

rhinocéros

rinoceronte

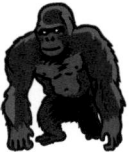

gorille

gorila

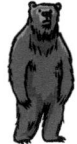

ours

urso

chameau
camelo

autruche
avestruz

lion
leão

singe
macaco

flamand rose
flamingo

perroquet
papagaio

ours polaire
urso polar

pingouin
pinguim

requin
tubarão

paon
pavão

serpent
cobra

crocodile
crocodilo

gardien de zoo
guarda do zoológico

phoque
foca

jaguar
jaguar

poney

pônei

léopard

leopardo

hippopotame

hipopótamo

girafe

girafa

aigle

águia

sanglier

javali

poisson

peixe

tortue

tartaruga

morse

morsa

renard

raposa

gazelle

gazela

american Football
futebol americano

cyclisme
ciclismo

tennis
tênis

basket-ball
basquete

natation
natação

boxe
boxe

hockey sur glace
hóquei no gelo

football
futebol

badminton
badminton

athlétisme
atletismo

handball
handebol

ski
esqui

polo
polo

rire
rir

sauter
pular

embrasser
abraçar

marcher
andar

chanter
cantar

rêver
sonhar

prier
rezar

faire la bise
beijar

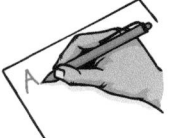

écrire
escrever

dessiner
desenhar

montrer
mostrar

pousser
empurrar

donner
dar

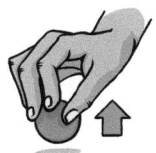

prendre
tomar

avoir

ter

faire

fazer

être

ser

être debout

ficar de pé

courir

correr

trier

puxar

jeter

jogar

tomber

cair

être couché

deitar

attendre

esperar

porter

carregar

être assis

sentar

s'habiller

vestir

dormir

dormir

se réveiller

despertar

activités - atividades

regarder

olhar para

pleurer

chorar

caresser

acariciar

peigner

pentear

parler

falar

comprendre

entender

demander

perguntar

écouter

ouvir

boire

beber

manger

comer

ranger

arrumar

aimer

amar

cuire

cozinhar

conduire

dirigir

voler

voar

faire de la voile

velejar

calculer

calcular

lire

ler

apprendre

aprender

travailler

trabalhar

se marier

casar

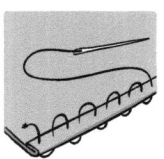

coudre

costurar

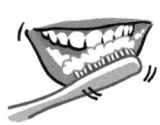

brosser les dents

escovar os dentes

tuer

matar

fumer

fumar

envoyer

enviar

grand-mère
avó

grand-père
avô

père
pai

mère
mãe

bébé
bebê

fille
filha

fils
filho

hôte
convidado

tante
tia

oncle
tio

frère
irmão

sœur
irmã

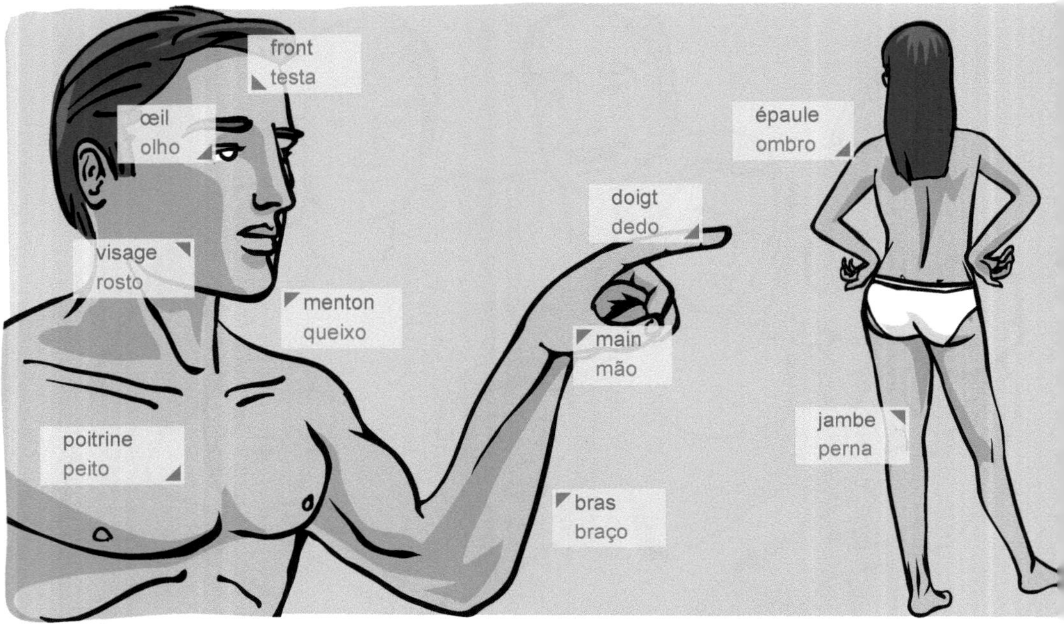

front
testa

œil
olho

épaule
ombro

doigt
dedo

visage
rosto

menton
queixo

main
mão

poitrine
peito

jambe
perna

bras
braço

bébé
bebê

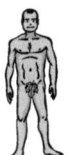

homme
homem

femme
mulher

fille
menina

garçon
menino

tête
cabeça

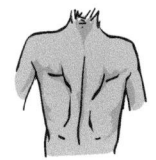

dos

costas

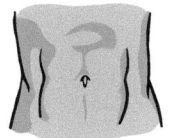

ventre

barriga

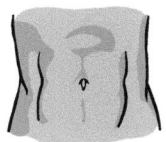

nombril

umbigo

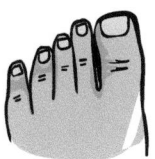

orteil

dedo do pé

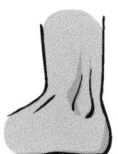

talon

calcanhar

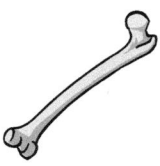

os

osso

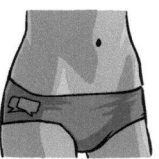

hanche

anca

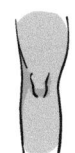

genou

joelho

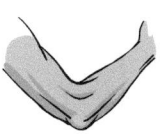

coude

cotovelo

nez

nariz

fesses

nádegas

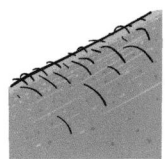

peau

pele

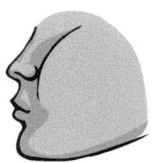

joue

bochecha

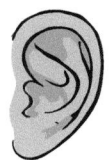

oreille

orelha

lèvre

lábio

bouche
boca

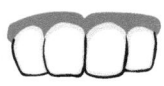

dent
dente

langue
língua

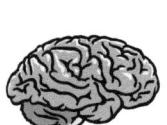

cerveau
cérebro

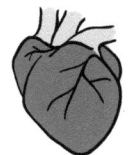

cœur
coração

muscle
músculo

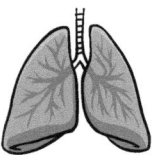

poumons
pulmão

foie
fígado

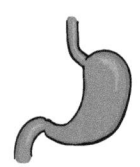

estomac
estômago

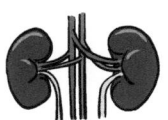

reins
rins

rapport sexuel
relações sexuais

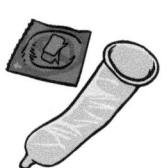

préservatif
preservativo

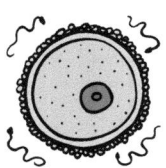

ovule
óvulo

sperme
esperma

grossesse
gravidez

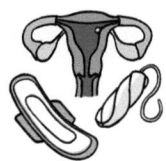

menstruation

menstruação

vagin

vagina

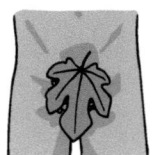

pénis

pênis

sourcil

sobrancelha

cheveux

cabelo

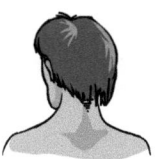

cou

pescoço

hôpital
hospital

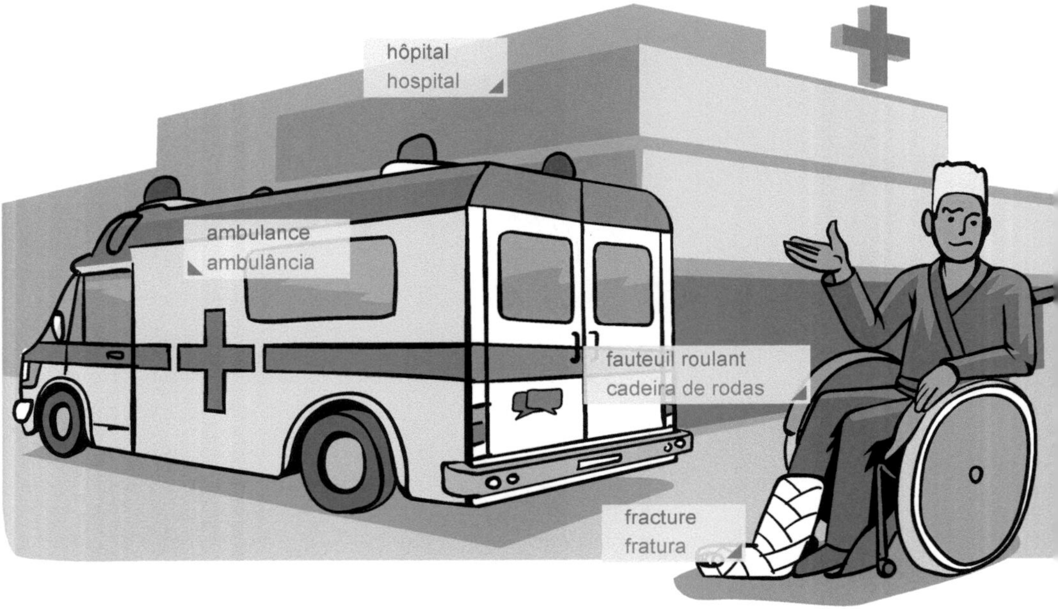

hôpital
hospital
ambulance
ambulância
fauteuil roulant
cadeira de rodas
fracture
fratura

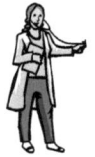

médecin

médico

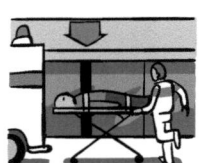

service des urgences

pronto-socorro

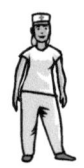

infirmière

enfermeira

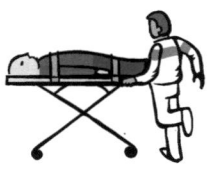

urgence

emergência

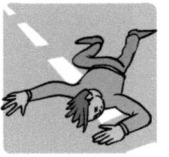

inconscient

inconsciente

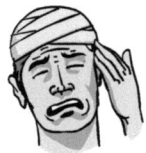

douleur

dor

blessure

ferimento

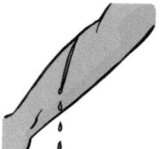

hémorragie

hemorragia

crise cardiaque

ataque cardíaco

attaque cérébrale

acidente vacular cerebral

allergie

alergia

toux

tosse

fièvre

febre

grippe

gripe

diarrhée

diarreia

mal de tête

dor de cabeça

cancer

câncer

diabète

diabetes

chirurgien

cirurgião

scalpel

bisturi

opération

operação

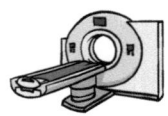

CT
CT

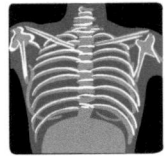

radiographie
raio x

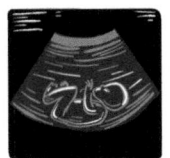

échographie
ultrassom

masque
máscara

maladie
doença

salle d'attente
sala de espera

béquille
muleta

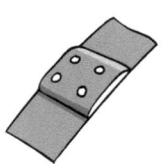

pansement
bandeide

pansement
ligadura

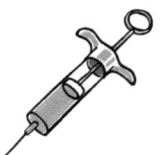

injection
injeção

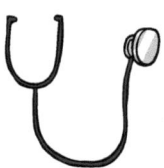

stéthoscope
estetoscópio

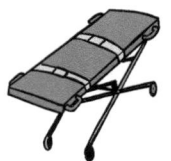

brancard
maca

thermomètre
termômetro

accouchement
nascimento

surcharge pondérale
excesso de peso

appareil auditif

aparelho auditivo

désinfectant

desinfetante

infection

infecção

virus

vírus

VIH / sida

HIV / AIDS

médicament

medicamento

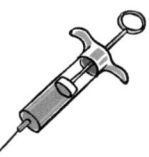

vaccination

vacinação

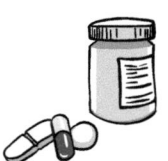

comprimés

comprimidos

pilule

pílula

appel d'urgence

chamada de emergência

tensiomètre

dispositivo de medição de
pressão arterial

malade / sain

doente / saudável

Au secours !

Socorro!

assaut

assalto

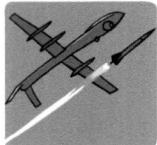

attaque

ataque

danger

perigo

sortie de secours

saída de emergência

Au feu!

Fogo!

extincteur

extintor de incêndios

accident

acidente

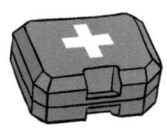

trousse de premier secours

maleta de primeiros
socorros

SOS

SOS

police

polícia

Europe

Europa

Amérique du Nord

América do Norte

Amérique du Sud

América do Sul

Afrique

África

Asie

Ásia

Australie

Austrália

Océan atlantique

Atlântico

Océan pacifique

Pacífico

Océan indien

Oceano Índico

Océan antarctique

Oceano Antártico

Océan arctique

Oceano Ártico

pôle nord

Polo Norte

pôle sud

Polo Sul

Antarctique

Antártica

terre

Terra

pays

terra

mer

mar

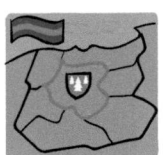

île

ilha

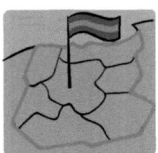

nation

nação

état

estado

cadran

mostrador do relógio

aiguille des heures

ponteiro das horas

aiguille des minutes

ponteiro dos minutos

aiguille des secondes

ponteiro dos segundos

Quelle heure est-il ?

Que horas são?

jour

dia

temps

tempo

maintenant

agora

montre digitale

relógio digital

minute

minuto

heure

hora

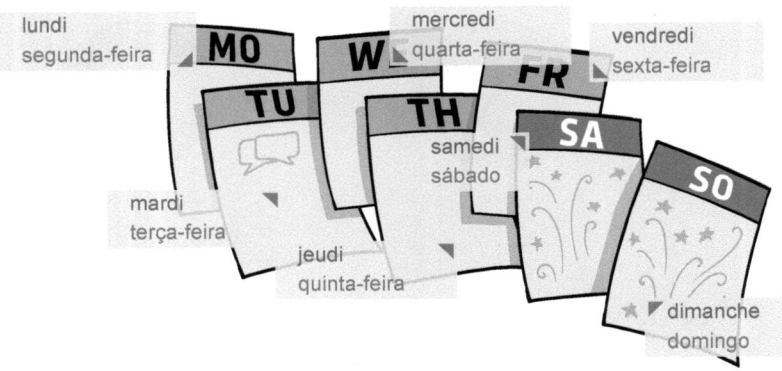

lundi / segunda-feira
mardi / terça-feira
mercredi / quarta-feira
jeudi / quinta-feira
vendredi / sexta-feira
samedi / sábado
dimanche / domingo

hier
ontem

aujourd'hui
hoje

demain
amanhã

matin
manhã

midi
meio-dia

soir
entardecer

MO	TU	WE	TH	FR	SA	SU
1	2	3	4	5	6	7
8	9	10	11	12	13	14
15	16	17	18	19	20	21
22	23	24	25	26	27	28
29	30	31	1	2	3	4

jours ouvrables
dias úteis

MO	TU	WE	TH	FR	SA	SU
1	2	3	4	5	6	7
8	9	10	11	12	13	14
15	16	17	18	19	20	21
22	23	24	25	26	27	28
29	30	31	1	2	3	4

week-end
fim de semana

année
ano

pluie
chuva
arc-en-ciel
arco-íris
neige
neve
vent
vento
printemps
primavera
automne
outono
été
verão
hiver
inverno

4.APRIL 11°
5.APRIL 4°
6.APRIL 13°
7.APRIL 8°
8.APRIL 10°

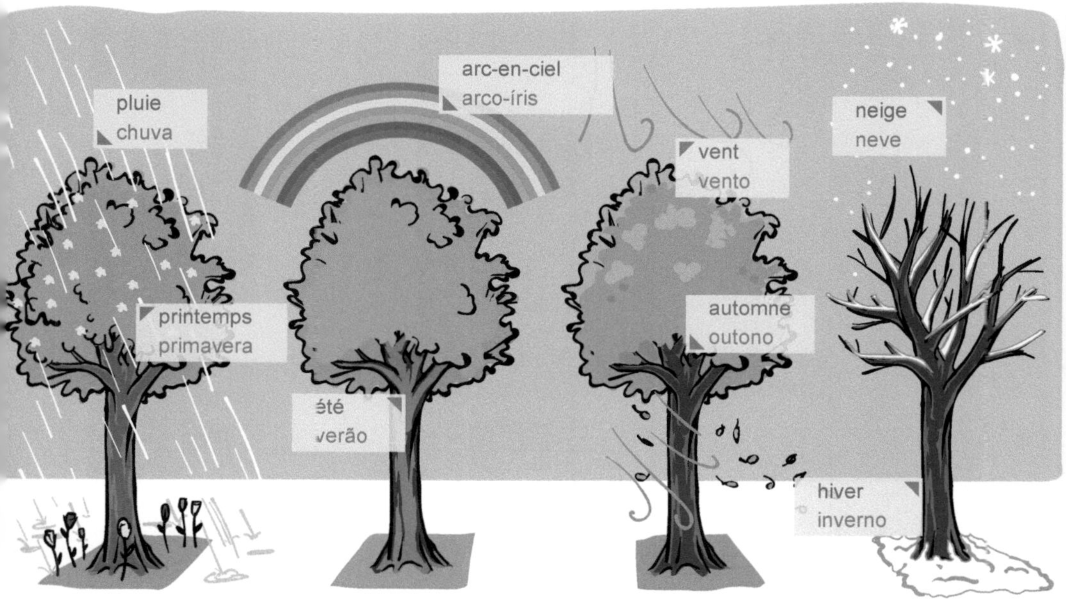

météo

previsão do tempo

F C
120 90 60 30 0 -30
40 30 20 10 0 -10 -20

thermomètre

termômetro

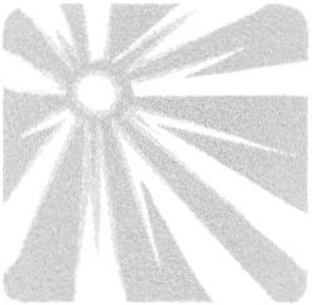

lumière du soleil

raio de sol

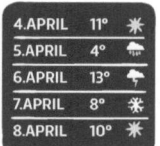

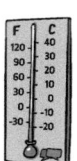

nuage

nuvem

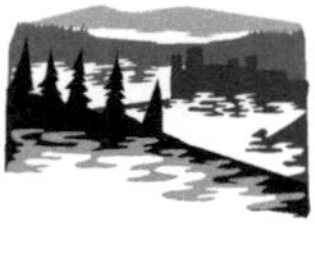

brouillard

neblina / nevoeiro

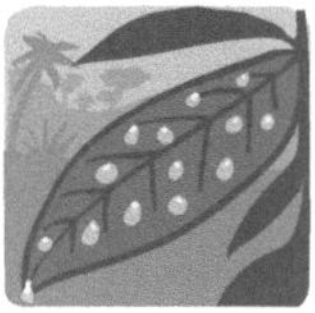

humidité

umidade do ar

foudre

relâmpago

tonnerre

trovão

tempête

tempestade

grêle

granizo

mousson

monção

inondation

inundação

glace

gelo

janvier

janeiro

février

fevereiro

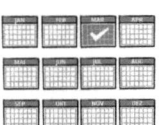

mars

março

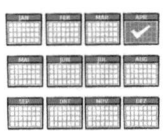

avril

abril

mai

maio

juin

junho

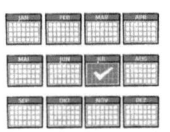

juillet

julho

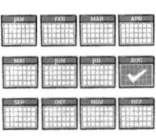

août

agosto

année - ano

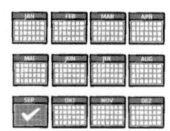

septembre

setembro

octobre

outubro

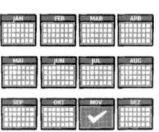

novembre

novembro

décembre

dezembro

formes
formas

cercle

círculo

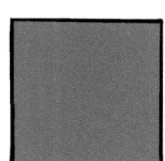

carré

quadrado

rectangle

retângulo

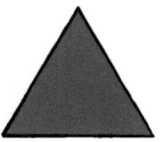

triangle

triângulo

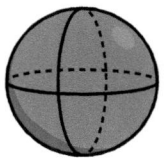

sphère

esfera

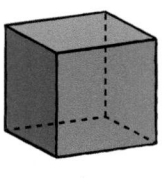

cube

cubo

couleurs
cores

blanc

branco

jaune

amarelo

orange

laranja

rose

rosa

rouge

vermelho

violet

lilás

bleu

azul

vert

verde

marron

marrom

gris

cinza

noir

preto

beaucoup / peu

muito / pouco

fâché / calme

furioso / tranquilo

joli / laid

lindo / feio

début / fin

começo / fim

grand / petit

grande / pequeno

clair / obscure

claro / escuro

frère / soeur

irmão / irmã

propre / sale

limpo / sujo

complet / incomplet

completo / incompleto

jour / nuit

dia / noite

mort / vivant

morto / vivo

large / étroit

largo / estreito

comestible / incomestible

comestível / não comestível

méchant / gentil

mau / gentil

excité / ennuyé

entusiasmado / entediado

gros / mince

gordo / magro

premier / dernier

primeiro / último

ami / ennemi

amigo / inimigo

plein / vide

cheio / vazio

dur / souple

duro / macio

lourd / léger

pesado / leve

faim / soif

fome / sede

malade / sain

doente / saudável

illégal / légal

ilegal / legal

intelligent / stupide

inteligente / idiota

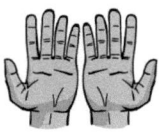

gauche / droite

esquerda / direita

proche / loin

perto / longe

nouveau / usé

novo / usado

rien / quelque chose

nada / alguma coisa

vieux / jeune

velho / jovem

marche / arrêt

ligado / desligado

ouvert / fermé

aberto / fechado

faible / fort

baixo / alto

riche / pauvre

rico / pobre

correct / incorrect

certo / errado

rugueux / lisse

áspero / liso

triste / heureux

triste / feliz

court / long

curto / longo

lent / rapide

lento / rápido

mouillé / sec

molhado / seco

chaud / froid

ameno / fresco

guerre / paix

guerra / paz

0

zéro

zero

1

un / une

um

2

deux

dois

3

trois

três

4

quatre

quatro

5

cinq

cinco

6

six

seis

7

sept

sete

8

huit

oito

9

neuf

nove

10

dix

dez

11

onze

onze

12

douze
doze

13

treize
treze

14

quatorze
quatorze

15

quinze
quinze

16

seize
dezesseis

17

dix-sept
dezessete

18

dix-huit
dezoito

19

dix-neuf
dezenove

20

vingt
vinte

100

cent
cem

1.000

mille
mil

1.000.000

million
milhão

langues
idiomas

anglais

inglês

anglais américain

inglês americano

chinois mandarin

chinês mandarim

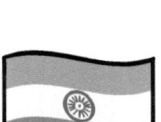

hindi

hindi

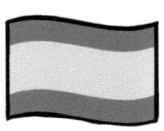

espagnol

espanhol

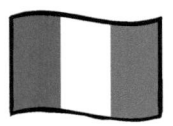

français

francês

arabe

árabe

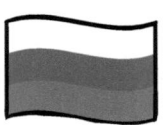

russe

russo

portugais

português

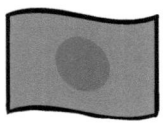

bengali

bengalês

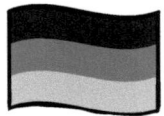

allemand

alemão

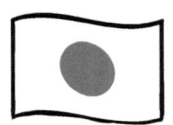

japonais

japonês

je

eu

tu

você

il / elle / ce, c', cela

ele / ela

nous

nós

vous

vocês

ils / elles

eles / elas

Qui ?

quem?

Quoi ?

O quê?

Comment ?

como?

Où ?

onde?

Quand ?

Quando?

nom

nome

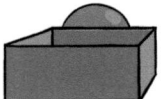

derrière

atrás

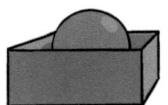

dans

em

devant

na frente de

au-dessus

sobre

sur

em cima

en-dessous

debaixo

à côté de

do lado

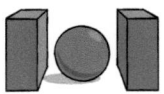

entre

entre

lieu

lugar